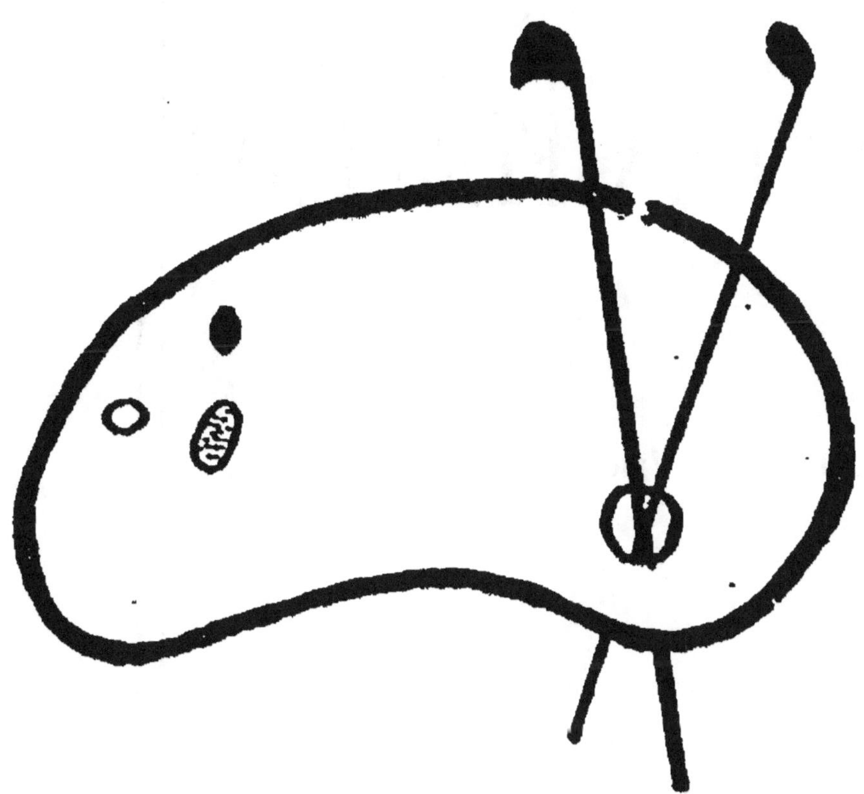

DEBUT D'UNE SERIE DE DOCUMENTS
EN COULEUR

LE

SOUDAN FRANÇAIS

CHEMIN DE FER DE MÉDINE AU NIGER.

LILLE,
IMPRIMERIE L. DANEL.

1881.

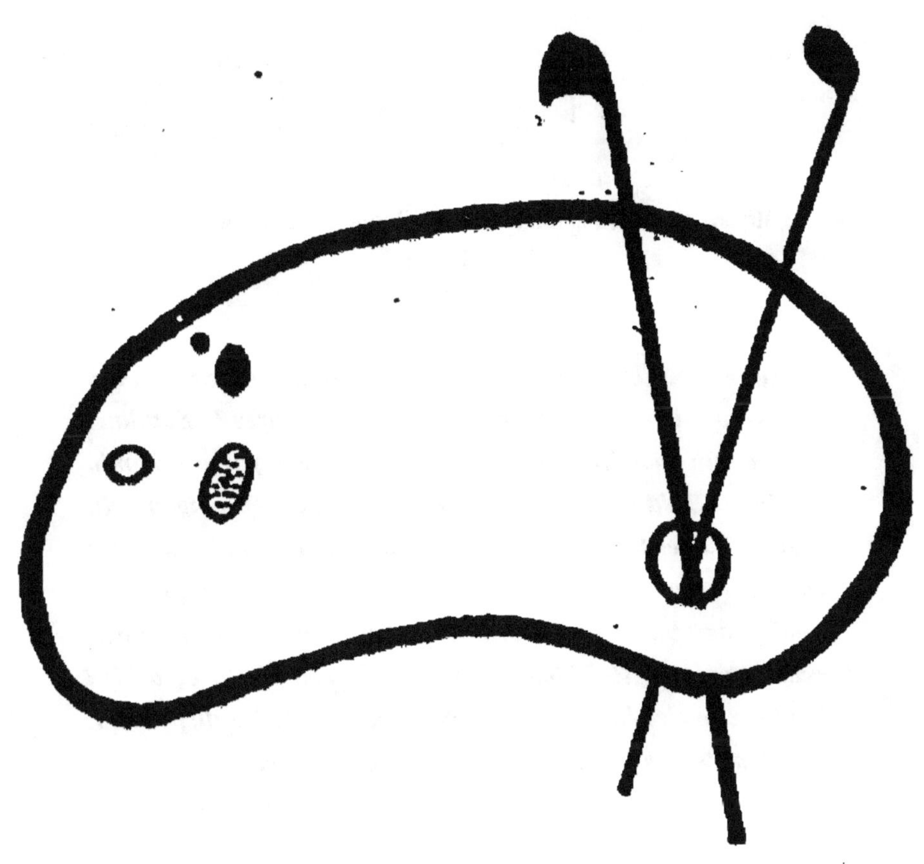

FIN D'UNE SERIE DE DOCUMENTS
EN COULEUR

Lille, le 15 juin 1881.

MONSIEUR LE PRÉSIDENT DE LA SOCIÉTÉ DE GÉOGRAPHIE
DE LILLE.

Au moment où la France cherche, avec tant de raison, des moyens d'établir des relations commerciales avec le Soudan, soit par un chemin de fer transsaharien, soit par un chemin de fer de Médine sur le Sénégal, à la partie navigable du Niger, j'ai pensé qu'il serait intéressant de publier l'historique sommaire des tentatives faites depuis 25 ans au Sénégal pour atteindre ce but. Le général Faidherbe, ancien Gouverneur de cette colonie, et Président d'honneur de notre Société, a bien voulu, sur mes instances, mettre ses notes à notre disposition. Je ne mets pas en doute que vous soyez heureux de publier dans votre Bulletin un travail sans prétention qui résume ces notes, sur une question dont se préoccupe tant l'opinion publique.

Agréez, Monsieur le Président, mes salutations empressées,

 JULES **HOUDOY.**

LE SOUDAN FRANÇAIS.

CHEMIN DE FER DE MÉDINE AU NIGER

Sommaire : Guerre sainte d'El Hadj-Omar, 1854; — Il est repoussé de le colonie du Sénégal, 1856; — Conquête, par El Hadj-Omar, des contrées s'étendant du Sénégal à Tombouctou; — Mort d'El Hadj-Omar. Dislocation partielle de son empire. Son fils Ahmadou lui succède à Ségou; — Mission de M. Mage à Ségou pour l'extension de nos comptoirs jusqu'au Niger, 1863; — Reprise des négociations par la mission Galliéni en 1881; — Traité qui nous donne le droit de construire un chemin de fer jusqu'au Niger, de naviguer et de nous établir sur ce fleuve.

La civilisation n'a fait de grands progrès dans le monde qu'à la suite de la formation de vastes empires par des conquérants; ces derniers sont de leur vivant de véritables fléaux, mais bientôt, au milieu des ruines qu'ils ont amoncelées, se manifestent d'heureuses conséquences de leur passage sur la terre. C'est qu'ils ont créé entre les hommes des facilités de communication qui n'existaient pas dans l'état de fractionnement où se trouvent les pays sauvages, facilités grâce auxquelles les échanges matériels et intellectuels deviennent possibles, au grand profit du progrès.

C'est d'une de ces phases de l'histoire de l'humanité que nous sommes témoins dans le nord-ouest de l'Afrique centrale.

Naguère encore, cette partie du monde était divisée en un grand nombre d'États, les uns plus ou moins barbares, les autres presque sauvages; il en résultait qu'arrêtés à chaque pas par des frontières, le commerce et l'influence de nos établissements des côtes ne pouvaient pénétrer bien loin vers l'intérieur.

Les circonstances ont maintenant changé de telle sorte que la France est sur le point d'en retirer de grands avantages en prenant pied sur le Haut-Niger.

Les évènements qui ont amené ce résultat méritent d'être racontés avec quelques détails pour qu'on puisse en bien comprendre la signification et la portée :

Il y a 25 ans, un immense effort fut fait par le cheikh El Hadj-Omar, marabout sénégalais, avec toutes les forces fanatisées de l'Islam, dans le Soudan Occidental, pour détruire les États nègres encore idolâtres et jeter à la mer les Européens des côtes. Dans cette formidable lutte il devait avoir un gouverneur du Sénégal pour adversaire et pour vainqueur.

C'est en 1854 que ce marabout, qui méditait depuis longtemps une guerre sainte, se sentant assez fort, partit avec ses fidéles de Dinguiray, frontière orientale du Fouta-Dialon, et envahissant le Bambouck, atteignait nos établissements du Haut-Sénégal, dont le plus avancé était Bakel, à 221 lieues de l'embouchure, en suivant le fleuve.

Le gouverneur du Sénégal Protet, qui avait été visiter ce poste en novembre, en était revenu avec les nouvelles les plus alarmantes. Il y fit faire un dernier voyage par le vapeur *le Basilic*, et le capitaine du génie Faidherbe obtint d'y prendre part pour constater l'état des postes du fleuve, au point de vue de son service spécial; à Bakel on trouva le commandant, jeune officier sortant de Saint-Cyr, malade et démoralisé; pas de chirurgien; une garnison indigène peu sûre; le poste hors d'état de se défendre, avec une enceinte dégradée et pas de flanquements; les affûts hors de service, le magasin à poudre dans le plus grand désordre, des approvisionnements insuffisants, et les établissements de commerce en dehors du poste, sans aucune protection.

La population était en proie à l'épouvante; en effet, El Hadj-Omar venait de massacrer les habitants du village de Makhana; les corps sans tête étaient charriés par le fleuve devant Bakel et les bandes de Talibé (1) parcouraient les rues du village, sous le poste, la figure voilée du Litham, le fusil sur l'épaule, psalmodiant des versets du Koran d'une voix sinistre.

L'eau du fleuve baissant rapidement, le commandant du bateau avertit le capitaine Faidherbe qu'il était obligé de partir de suite, sous peine de ne pouvoir franchir les passes.

Le capitaine ayant réfléchi lui dit: « Partir d'ici en ce moment

(1) Taleb, talibé, mots arabes qui veulent dire étudiant et par suite savant. Ce nom est donné au Sénégal à ceux qui se convertissent à l'islamisme et ont acquis quelques connaissances du Koran.

» serait, pour moi, quitter un champ de bataille lorsque la lutte va
» s'engager ; nous ne serons pas partis de 24 heures que le poste sera
» enlevé et notre domination au Sénégal fortement compromise.

» Je vais vous donner une lettre pour le Gouverneur et je reste. Si
» vous pouvez remonter jusqu'ici et amener les renforts que je
» demande, je redescendrai avec vous à St-Louis, sinon je partagerai
» le sort de la garnison. »

Le lieutenant Coquet, directeur des affaires indigènes, aujourd'hui colonel d'infanterie de marine, qui était aussi monté à bord du *Basilic*, prit la même résolution.

Le bateau descendit à toute vapeur et le capitaine s'occupa de mettre immédiatement le poste en état de défense. Il répara l'enceinte, mit les pièces en batterie, le magasin à poudre en ordre. Il construisit trois redoutes extérieures, reliées par un retranchement, pour couvrir les établissements de commerce ; hommes, femmes, enfants, tout le monde se mit à l'œuvre ; les traitants et leurs agents furent organisés en milice.

Les bandes de Talibé devenaient de jour en jour plus insolentes et se permettaient d'enlever même des habitants du village de Bakel.

Le capitaine, comprenant combien sa situation était délicate vis-à-vis du gouverneur du Sénégal, évitait toute rupture ouverte avec eux. Cependant, un jour, une femme et sa fille étant venu frapper à la porte du fort, afin d'échapper à une bande qui les poursuivait pour les tuer, on les accueillit. C'était une princesse du Bondou, de la famille régnant dans ce pays et alliée aux Français. Les gens d'El Hadj-Omar prétendaient que c'était des sujettes rebelles de leur maître, et demandaient qu'on les leur livrât.

Le capitaine, d'accord avec le lieutenant Coquet et le sous-lieutenant commandant du poste, décida que l'honneur ne permettait pas de refuser un asile, à l'ombre du pavillon français, à deux femmes poursuivies par des assassins. On répondit aux envoyés d'El Hadj-Omar que les deux fugitives étaient sous la protection de la France, et que la garnison s'ensevelirait sous les ruines du fort plutôt que de les rendre. La fermeté de cette réponse intimida les Talibé, et l'affaire n'eut pas de suite pour le moment.

Cependant les jours s'écoulaient et on regardait avec anxiété si on n'apercevait pas le vapeur remontant de St.-Louis. La baisse des eaux s'était heureusement arrêtée un moment et au bout de dix jours on eut la joie d'apercevoir au loin la fumée d'un bateau. Il apportait tout ce que le capitaine avait demandé : un nouveau commandant, un chirurgien, un renfort de soldats noirs, des vivres et des munitions de guerre.

Bakel était sauvé ! En effet, le bateau étant redescendu, El Hadj-Omar n'osa pas entreprendre d'attaquer un poste en bon état de défense, il se contenta de piller nos comptoirs, entre-autres celui de Médine. Les griefs qu'il mettait en avant contre nous étaient que le gouverneur Protet lui avait refusé des officiers et des canons pour l'aider à faire la guerre sainte et aussi qu'on lui avait enlevé des captifs, probablement les deux malheureuses à qui on avait accordé un asile à Bakel ; mais il insistait surtout sur l'obligation imposée par le Koran aux musulmans de faire la guerre sainte aux infidèles. Il traversa ensuite le fleuve et alla conquérir le royaume de Kaarta, massacrant tout sur son passage.

Deux mois après, le capitaine Faidherbe, promu chef de bataillon en récompense de sa conduite aux affaires de grand Bassam, de Podor et de Dialmath, était en même temps nommé Gouverneur du Sénégal, et l'on comprend combien il se félicitait d'avoir mis obstacle aux projets d'El-Hadj-Omar dans le Haut-Fleuve.

L'année suivante, en 1855, pendant que le terrible marabout était occupé dans le Kaarta, le gouverneur jugea que, loin de lui céder le haut du fleuve, il fallait nous y renforcer et pour mettre Bakel à l'abri, il résolut d'aller construire à 40 lieues plus haut, c'est-à-dire à 260 lieues de l'embouchure, un poste à Médine, dans le Khasso, près des cataractes du Félou qui limitent la navigation du fleuve.

Prenant tous les moyens dont il disposait, matériel et personnel, il alla lui-même diriger l'exécution de ce projet.

La flotille partit de St.-Louis le 7 septembre et, après une heureuse navigation de cinq jours, elle débarqua tout le personnel à Khay, à 8 kilomètres en-dessous des cataractes. Le Gouverneur forma sa colonne et la dirigea sur Médine ; là, il trouva le roi Sambaïa qui l'attendait entouré de tous ses sujets.

Le Gouverneur lui dit : Je viens te demander compte du pillage de nos traitants.

— Ce pillage, c'est le marabout El Hadj-Omar qui l'a fait. Moi, qui ai toujours été l'ami des français, j'ai cherché à l'empêcher. J'ai offert cent esclaves au marabout pour qu'il respectât vos biens ; il m'a répondu qu'il allait me couper le cou si je disais un mot de plus en votre faveur.

— Je te crois ; mais alors tu avoues que tu n'es plus maître chez toi et que tu es incapable de protéger toi-même et tes hôtes contre les Toucouleurs.

— C'est vrai.

— Eh bien, moi, je vais me charger de le faire. Tu vas me vendre un terrain où je bâtirai un fort.

— Tu peux le prendre pour rien puisque tu es le maître ici.

— Non, je n'agis pas comme le marabout et je ne dépouille pas les gens parce que je suis plus fort qu'eux ; voici le prix que je t'offre du terrain que je vais te désigner.

— J'accepte tes conditions.

Le Gouverneur, descendant de cheval, fit établir le camp et traça immédiatement l'enceinte du fort.

Le lendemain matin, 900 hommes y travaillaient et, en 22 jours, on construisit un poste bastionné, de 30 mètres de côté, en pierre et terre glaise, avec deux blokhaus, quelques magasins et bâtiments dans l'intérieur pour loger une garnison et des approvisionnements.

Le Gouverneur en donna le commandement à un vieux traitant mulâtre, nommé Paul Holl, homme énergique et intelligent, connaissant parfaitement le haut pays et en qui il avait toute confiance.

Le fort avait une pièce de canon dans chaque bastion ; la garnison se composait, outre le commandant, en fait de blancs, de deux artilleurs, d'un sergent et de cinq hommes d'infanterie de marine. Avec cela une vingtaine de soldats noirs et une vingtaine de matelots noirs.

A côté du poste se trouvait le village du roi Sambala, notre allié, village qui avait déjà été pillé l'année précédente par El Hadj-Omar.

La saison des basses eaux de 1856 était arrivée et le poste était abandonné à ses propres forces. El Hadj-Omar était maître du royaume du Kaarta ; son armée, exaltée par ses succès, ne doutait plus de rien, elle exigea de son chef qui affectait de se laisser forcer la main, qu'il entreprît l'attaque de Médine. C'était l'épreuve définitive qui montrerait si le Soudan devait appartenir aux noirs musulmans ou aux français.

El Hadj-Omar avait de 20 à 25,000 hommes bien armés de fusils, fanatisés et aguerris.

A son approche, Sambala entoura son village d'un mur en terre glaise, et, par ordre de Paul Holl, le relia au poste de manière à en être flanqué. Deux murs furent construits du fort et du village jusqu'au bord même du fleuve de manière à former une enceinte continue s'appuyant au fleuve par ses deux extrémités. Il s'y trouvait accumulée une population de 6 à 7,000 âmes, mais en grande majorité composée de femmes et d'enfants.

Le siège par El Hadj-Omar dura 97 jours, les assaillants firent de nombreuses attaques. Ils montaient à l'assaut au moyen d'échelles en bambou assez large pour deux hommes de front. Ils firent des brèches dans l'enceinte de Sambala ; elles furent bouchées par leurs propres cadavres.

A chaque assaut, ils laissaient des centaines de morts au pied du mur du fort. Dans les premiers temps, les assiégés faisaient des sorties et allaient enterrer ces cadavres plus loin ; mais sur la fin, la poudre devenant très rare, on ne pouvait plus faire de sorties contre les assiégeants qui avaient des embuscades à moins de cinquante mètres et les cadavres empestaient le garnison.

Le 18 juillet 1856, les défenseurs de Médine n'avaient plus guère qu'un coup de fusil à tirer chacun et une vingtaine de gargousses, les vivres étaient complètement épuisés ; déjà une foule de malheureux étaient morts de maladie et de faim.

Paul Holl et le sergent Desplat, désespérant d'être secourus à temps, avaient tout préparé pour se faire sauter, au moyen des gargousses qui leur restaient, quand ils verraient l'ennemi dans la place.

Dans ce jour mémorable, ils entendirent tout à coup des détonations venant du fleuve, en aval, à l'endroit où deux rochers que l'on appelle les Kipes rendent le passage dangereux pour un bateau. Deux corps de l'armée d'El Hadj-Omar occupaient ces rochers.

Paul Holl sachant que les eaux n'étaient encore que peu montées ne pouvait pas se figurer que ce fussent les secours espérés de St-Louis. Il observait au moyen d'une lunette, avec la plus grande anxiété, tenant ses hommes prêts à combattre.

C'était bien, en effet, le Gouverneur du Sénégal qui, profitant de la première crue, arrivait avec un seul bateau à vapeur, d'un faible tirant d'eau, portant environ 500 combattants, dont 100 blancs, et qui bravait tous les obstacles et tous les dangers pour sauver le poste de Médine, sa création, dont il était sans nouvelles depuis plusieurs mois, les routes étant interceptées.

Arrivé à un endroit nommé les petites cataractes le bateau avait été arrêté par un courant de foudre. Il n'avait plus que 10 centimètres d'eau sous sa quille et, chauffant à toute vapeur, il restait immobile contre le courant au milieu de rochers pointus. Le moment était solennel, le Gouverneur déclara au commandant du vapeur qu'il fallait chercher à passer à tout prix et que le devoir était de périr ou de sauver Médine, s'il en était encore temps. On surchargea les soupapes de sûreté et on poussa les feux; au bout de quelques instants le bateau réussit à avancer lentement et on eut le bonheur de franchir l'obstacle sans accident. (1)

La petite colonne débarqua aux Kipes, Gouverneur en tête, et appuyée par les deux obusiers du bateau, força le passage, repoussa devant elle les Talibés et arriva jusqu'au poste d'où Paul Holl et ses gens venaient de sortir au devant d'elle en chassant les ennemis embusqués. Ils se précipitèrent dans les bras de leurs libérateurs et toute la population sortit en toute hâte et se mit à manger l'herbe des environs du poste.

Le Gouverneur vit avec stupéfaction, au pied des murs, un talus de corps morts en putréfaction et, séance tenante, fit creuser d'immenses trous à 3 ou 400 mètres où avec des crochets en branches d'arbres on traîna cette chair pourrie.

En même temps, on enterrait une jeune et intéressante victime de ce long siège; Mademoiselle Mary Duranton, qui s'était trouvée enfermée dans le fort. Nous allons raconter en quelques mots ce triste épisode:

Vers 1830, M. Duranton, employé du Gouvernement, à St.-Louis, se rendit dans le haut du fleuve et alla jusqu'à Médine, point qui était alors tout-à-fait en dehors de l'influence de la colonie, et où résidait Awa-Demba, roi du Khasso. Duranton s'éprit d'une belle passion pour la vie de ces peuples; il se fixa dans le pays dont il adopta complètement les usages, et rendit des services à Awa-Demba, qui lui donna sa fille Sadioba pour femme. De cette union naquirent deux enfants qui, à la mort de Duranton, furent envoyés à St.-Louis pour être élevés à l'européenne.

L'aîné, un garçon, alla faire ses études en France, fut reçu à St-Cyr, puis à l'école d'Etat-Major. Ce jeune homme avait une bonne conduite, mais sa tête était mal équilibrée par suite des conditions bizarres de son existence. D'un côté, il se savait petit-fils d'un roi d'Afrique qu'il croyait être un puissant monarque, possesseur de nombreux esclaves

(1) En descendant quelques jours après, le même bateau se creva sur ces mêmes roches des petites cataractes et coula à fond, sans perte d'hommes.

et de riches mines d'or, sans se rendre compte que ces rois demi-sauvages sont bien peu de chose vis-à-vis de la civilisation. Un jour il avait demandé au Garde des Sceaux l'autorisation de prendre des Armes avec des fleurs de lys, sous le prétexte qu'il était prince. D'un autre côté, et quoique cela fit un bel officier, sa couleur l'exposait quelquefois à des affronts immérités. Il avait fait quelques tentatives de mariage qui avaient échoué. Bref, perdant la tête, sans famille pour le rappeler à la réalité et le consoler de ses mécomptes, il se brûla la cervelle. Le Gouverneur du Sénégal lui avait offert de le prendre avec lui dans la colonie, à sa sortie de l'école d'Etat-Major, lui faisant espérer une belle carrière s'il voulait suivre ses conseils, mais malheureusement le jeune officier s'était obstiné à refuser ses offres.

Le second enfant de Duranton était, en 1854, une belle jeune fille de 17 ans, nommée Mary; elle avait été confiée à la famille du maire de Saint-Louis. Un fils de la maison abusa d'elle. L'enfant fruit de sa faute, mourut bientôt et Sadioba qui vivait à Médine, auprès de son frère Sambala, successeur de son père Awa Demba, comme roi du Khasso, apprenant les torts des habitants de Saint-Louis envers sa fille, la redemanda pour la garder auprès d'elle. Mary se rendit donc à Médine où était établi depuis un an le poste français. Elle y arriva juste au moment où El Hadj-Omar en commençait le siège. Paul Holl qui avait très bon cœur recueillit la pauvre fille dans le fort et lui donna un des blockhaus pour logement. Mary, déjà frappée par ses malheurs précoces, ne pût résister à l'horrible existence qu'elle menait au milieu de massacres journaliers et du bruit incessant du canon et de la fusillade, soumise d'ailleurs, comme tous, aux plus grandes privations vers la fin du siège. Elle mourut la veille du jour où Médine était délivré par le Gouverneur.

Sadioba qui n'a jamais cessé de pleurer Duranton et qui s'est vue privée successivement de ses deux enfants a toujours montré pour les blancs des sentiments de sympathie et d'affection qui ont été signalés par Raffenel et les autres européens qui ont eu l'occasion de la rencontrer dans le cours de leurs voyages en Sénégambie.

L'armée d'El Hadj-Omar se composait encore, au moment où il fut repoussé de Médine, d'une quinzaine de mille hommes. Le gouverneur alla le lendemain lui livrer un combat sanglant où son aide de camp, le lieutenant d'état-major Descemet, jeune Sénégalais comme Duranton, fut tué à ses côtés et lui-même légèrement blessé; M. le lieutenant de vaisseau Brossard de Corbigny, chef d'état-major du gouverneur, aujourd'hui contre-amiral, poursuivit l'ennemi avec ses compagnies de débarquement. El Hadj-Omar pleurant de rage de voir lui échapper une proie qu'il croyait si bien tenir et comprenant que son prestige contre les blancs était à jamais perdu, s'enfonça dans le Bambouck, mais il ne renonça définitivement à lutter contre nous qu'après une dernière et singulière tentative, celle de barrer le fleuve pour empêcher nos bateaux à vapeur de le remonter. A Garly, à 150 lieues de l'embouchure, 1,500 hommes travaillèrent pendant deux mois à accumuler 20,000 mètres cubes de roches, de troncs d'arbres et de terre, dans le lit du fleuve, alors presque à sec ; on comprend que tout cela fut enlevé à la première crue.

Après quelque temps de repos, El Hadj-Omar continua sa guerre sainte contre les noirs idolâtres du bassin du Niger, principalement contre les Bambara qui avaient régné dans le Kaarta et qui régnaient encore à Ségou. Le gouverneur en profita pour régler au mieux toutes les affaires du Bas-Sénégal.

Après une guerre acharnée de quatre ans, il cantonna définitivement les Maures sur la rive droite, en leur imposant un traité de paix qui a été rigoureusement observé depuis vingt ans ; puis il assura les communications entre Saint-Louis et Gorée à travers le Cayor et s'occupa aussi de mettre en bon état nos comptoirs du Sud dans les rivières de Sine et de Saloum, en Cazamance, au Rio-Nunez et au Rio-Pongo.

En même temps, il introduisait dans la colonie toutes les améliorations qui s'y faisaient désirer : routes, ponts, phares, lignes télégraphiques, communications régulières avec l'Europe par bateaux à vapeur, etc., etc.

Le chef-lieu, Saint-Louis, situé sur une île au milieu du fleuve, était sans communication avec les rives, on l'y relia par trois ponts dont un de 700 mètres de long, ce qui permit à la culture maraîchère de se développer. Deux autres ponts sur deux bras du fleuve et des routes mirent Saint-Louis en communication directe avec les pays voisins du Oualo et du Cayor ; alors seulement, grâce à nos spahis, il y eut sécurité dans la contrée environnante.

Après la sécurité, l'agrément : on fit de nombreuses plantations d'arbres, tant à Saint-Louis que dans les différents postes et on transforma ainsi l'existence de ceux qui sont obligés d'y résider ; on créa des jardins d'essai et on favorisa les tentatives de culture du coton et de l'indigo. Enfin ce fut alors que se développa la production de l'arachide dont des centaines de navires vont aujourd'hui annuellement chercher cent millions de kilogrammes a la côte occidentale d'Afrique.

On construisit le magnifique port de Dakar et les trois phares qui en éclairent les approches.

Enfin, il serait trop long d'énumérer les écoles, hôpitaux, casernes et autres établissements publics dont fut dotée la colonie. C'est aussi alors que furent créés une banque, un musée, une imprimerie, un journal et que furent dressées de nombreuses cartes géographiques et hydrographiques de la colonie.

Cependant en 1859 il fallut encore s'occuper des affaires du Haut-Fleuve. El Hadj-Omar, dans le temps où il espérait pouvoir nous disputer le bassin du Sénégal avait construit un village fortifié à Guémou, sur la rive droite, un peu en amont de Bakel, pour intercepter le commerce de ce poste important avec les Maures, il y avait mis pour chef son neveu Siré Adama avec une garnison de Talibé.

Sur les demandes réitérées du commerce, une colonne commandée par M. le chef de bataillon Faron (aujourd'hui général de division, inspecteur général de l'infanterie de marine) fut chargée d'aller enlever cette position ; on ne réussit qu'au prix de pertes sérieuses. Le commandant Faron lui-même reçut trois blessures. Il fut parfaitement secondé, lorsqu'il eut été mis à peu près hors de combat, par le lieutenant de vaisseau Aube (aujourd'hui contre-amiral, Gouverneur de la Martinique).

Siré Adama avait défendu son poste avec la plus grande énergie jusqu'à ce qu'il fût tué avec ses fidèles sans chercher à s'échapper.

Deux ans après, en 1861, El Hadj-Omar était parvenu à s'emparer de l'Empire de Ségou et de ses États tributaires. En 1862 il avait vaincu le Maçina et était maître de Tombouctou, son empire s'étendait à partir du Sénégal sur une longueur de 500 lieues. Il était le maître de tout le cours du Niger du Fouta-Dialon à Tombouctou.

Mais l'heure des revers était venue pour lui : les Poul du Maçina se révoltèrent en 1864, l'assiégèrent dans la ville de El-Hamdou-Lillah et le tuèrent ; il avait eu soin en partant pour la conquête de Tombouctou de laisser à Ségou son fils Ahmadou pour le représenter et lui succéder.

Cependant le Gouverneur Faidherbe, lorsqu'il avait vu que El Hadj Omar, tout-puissant dans l'intérieur, n'était plus un danger pour le Sénégal, avait voulu lier avec lui des relations commerciales en lui proposant la création de comptoirs entre Médine et le Niger ; à cet éffet il lui avait envoyé, comme ambassadeurs, le lieutenant de vaisseau Mage et le docteur Quintin (1). Ces Messieurs furent bien accueillis à Ségou par Ahmadou.

C'était justement à l'époque où El Hadj-Omar venait d'être tué et son fils cherchait à cacher cette mort dont la connaissance eut amené la révolte de la plus grande partie du nouvel empire.

Mage resta plus de deux ans à Ségou, toujours bercé par l'espoir qu'on lui donnait de voir le prophète. En attendant, les provinces se révoltaient, les routes n'étaient plus sûres et ce ne fut que sur de pressantes instances du Gouverneur qu'Ahmadou, en 1866, dirigea vers le Kaarta une troupe assez nombreuse sous la protection de laquelle MM. Mage et Quintin purent regagner Médine.

Le Gouverneur Faidherbe avait quitté le Sénégal en 1864, recommandant qu'on ne perdit pas de vue son projet de relier le Sénégal au Niger par des postes dont il indiquait les emplacements : à Bafoulabé, Kita (Makadiambougou) Mourgoula ou Bangassi et Bammakou.

Après lui, le Gouverneur Laprade, colonel du Génie, s'occupa surtout, de 1865 à 1869, des affaires du Cayor et des comptoirs du sud jusqu'à la Malicourie. Il anéantit dans le Ripp, sur les bords de la Gambie, l'agitateur musulman Maba, après un combat sanglant dans lequel il fut blessé.

Ce Gouverneur mourut du choléra à St-Louis. Il était au Sénégal depuis 20 ans.

De 1869 à 1875, le Gouverneur Vallière, colonel d'infanterie de marine, maintint la colonie dans le statu quo. Il eut aussi à combattre un fauteur de guerre sainte nommé Ahmadou Sekhou qui, venu du Toro, avait envahi le Cayor et qui fut battu et tué près de Coki, par le lieutenant-colonel d'infanterie de marine Bégin. Le lieutenant de spahis Faidherbe détermina la déroute de l'ennemi en commandant la charge de son peloton.

Le Gouvernement de la colonie fut donné en 1876 à M. le Colonel d'infanterie de marine Brière de l'Isle, qui prit à cœur l'importante mission qu'on lui confiait. En 1878, après une période de dix ans d'inaction, M. l'Amiral Ministre de la marine Jauréguiberry, qui avait été lui-même Gouverneur du Sénégal, en 1862, et avait fait comme tel une glorieuse expédition dans le Fouta, ayant apprécié l'importance

(1) *Voyage dans le Soudan Occidental*, par M. E. MAGE, un vol. in-8. — Paris, librairie Hachette et Cⁱᵉ, boulevard Saint-Germain. — 1868.

des projets d'extension jusqu'au Niger, donna des ordres pour leur réalisation et M. l'inspecteur général des travaux maritimes Legros s'y appliqua avec conviction.

Profitant de notre indifférence pour ce qui se passait dans le Haut-Sénégal depuis une dizaine d'années, le parti d'Ahmadou, roi de Ségou, avait repris son influence dans le Khasso, excepté à Médine où nous occupions toujours notre poste et où vivait encore notre vieil allié Sambala. Mais le village de Sabouciré, à cinq lieues en amont de Médine, s'était mis entièrement à la dévotion des Talibé et commettait des hostilités contre Sambala. Nous supportions cet état de choses depuis plusieurs années parce que ce village produisait beaucoup d'arachides et commerçait avec nos traitants. Mais les circonstances devinrent telles qu'il fut nécessaire d'agir sous peine de perdre tout espoir de faire des progrès vers l'intérieur.

Une colonne, commandée par le colonel Reybaud, alla enlever d'assaut le village de Sabouciré, au mois de novembre 1878. Cette expédition ne fut pas approuvée par le commerce du Sénegal ; il en est ainsi chaque fois qu'une mesure prise dans le but d'obtenir des résultats avantageux pour l'avenir trouble momentanément sur un point les opérations commerciales.

Les commerçants ne voient généralement que leur intérêt du moment ; qu'ils fassent fortune en quelques années au Sénégal pour rentrer alors en France, il n'en faut pas davantage pour les contenter.

Le Gouvernement doit, lui, se préoccuper de l'avenir de la colonie. Dans un moment où toutes les puissances de l'Europe jettent leur dévolu sur l'Afrique, comme un nouvel et immense marché à exploiter, il ne faut pas que la France, qui a l'avance sur eux tous dans cette partie du monde, se laisse distancer par ses rivales.

Quoi qu'il en soit, l'acte de vigueur de Sabouciré ranima nos partisans et ébranla l'influence des Talibé d'Ahmadou sur toute la ligne de Médine à Bammakou. Ils n'ont plus sur cette ligne que les deux postes fortifiés de Koundian et de Mourgoula. Ces postes ne reçoivent plus, depuis longtemps, de renforts d'Ahmadou, qui est presque bloqué dans Ségou, et les populations qui les entourent ne demandent qu'un peu d'appui de notre part pour reconquérir leur indépendance.

C'est pourquoi le Gouverneur du Sénégal, suivant les instructions du Ministre de la Marine, voulut mettre à profit ces circonstances favorables pour entreprendre enfin d'établir la communication entre le Sénégal et le Niger, afin d'arriver à exploiter par là le bassin de la partie supérieure et peut-être de la partie moyenne de ce magnifique fleuve.

Mais il est nécessaire d'entrer dans quelques développements sur cette importante question : le Niger est un des grands fleuves du monde. En Afrique, il vient après le Nil et le Congo. Il présente une singularité remarquable, c'est que, prenant sa source à 100 lieues à peine de la mer, il tourne le dos à celle-ci pour s'enfoncer dans le continent et ne revient se jeter au fond du golfe de Guinée qu'après un cours de mille lieues pendant lequel il arrose des pays fertiles, populeux et qui sont très sains, excepté vers son embouchure. Nous pensons que cet immense bassin trouvera son débouché le plus avantageux vers la mer par sa partie supérieure, contrairement à ce qui a généralement lieu pour les autres fleuves.

En effet, outre que son delta est d'une insalubrité qui s'oppose à tout établissement européen, sa navigation est interrompue aux rapides de Boussa, à 150 lieues de son embouchure. D'un autre côté, vers le nord, sur sa rive gauche, il est séparé de la Berbérie par le Sahara, désert de 500 lieues de largeur minima et. vers le sud, entre sa rive droite et le golfe de Guinée, se trouve une chaîne de montagnes encore inexplorées et habitées par des peuples plongés dans la barbarie.

Il est vrai qu'on a proposé de le relier à l'Algérie par un chemin de fer transsaharien, mais nous croyons que la voie du Sénégal est plus avantageuse. Un chemin de fer transsaharien de 625 lieues de longueur, dont plus de 500 dans un désert, sans eau, se trouverait dans de bien mauvaises conditions.

On a cité l'exemple du transatlantique de 1200 lieues de long aux États-Unis, mais le cas n'est pas le même. La transatlantique traverse des pays fertiles ; à chacune de ses stations se forme immédiatement un village qui devient bientôt une ville et le pays voisin se peuple et produit. Dans le Sahara au contraire, il faudrait tout porter, même l'eau à boire, au personnel de chaque station.

Mais que le transsaharien soit ou non écarté, il faut agir sans désemparer par le Haut-Sénégal. Les Anglais viennent de s'établir en face des Canaries, au cap Juby, position que nous aurions pu et dû occuper depuis longtemps. Là ils vont intercepter les caravanes du Soudan dont auparavant ils n'achetaient les produits qu'à Mogador, après qu'ils avaient payé des droits à l'empereur du Maroc, à l'entrée dans ses états. En s'établissant sur ce point n'ont-ils pas des projets ultérieurs ?

Dans le Haut-Sénégal le Gouvernement français ne songe nullement à faire la conquête du pays et à s'établir par la force brutale ; système condamné avec raison par l'opinion publique.

Il s'agit tout simplement d'occuper par des postes-comptoirs quelques points de la ligne qui va du Haut-Sénégal au Haut-Niger, puis de les relier par une voie ferrée de 150 lieues qui deviendra le débouché des productions du Soudan central. Ce n'est pas par force que nous nous établissons sur ces points ; les populations nous appellent, comprenant que nous ne voulons que leur donner la paix et acheter leurs produits en échange des marchandises dont elles ont besoin.

Entre les Toucouleurs musulmans fanatiques et les Bambara et Malinké idolâtres qui se font, depuis 25 ans, dans cette partie de l'Afrique, une guerre d'extermination, notre intérêt n'est pas de prendre parti.

D'un côté, nous n'avons aucune raison pour nous poser en adversaires du roi de Ségou dont nous n'avons jamais eu à nous plaindre, depuis l'ambassade de MM. Mage et Quintin en 1863, 1864, 1865 et qui a bien reçu M. Soleillet lorsqu'il a refait le voyage de Mage en 1879 ; d'un autre côté, nous voulons aussi être en paix avec les Bambara et les Malinké.

Les circonstances nous sont aujourd'hui favorables pour marcher à notre but en restant dans la neutralité, car sur la ligne que nous voulons suivre, aucun des deux partis belligérants n'est assez fort pour s'opposer aux vœux du pays en faveur de la paix et du rétablissement du commerce sous notre protection.

On a dit que c'est plus au Sud, vers le Manding et le Bouré que nous devrions tourner nos efforts ; mais en allant par la ligne la plus courte et la plus commode du Haut-Sénégal au Niger nous prenons le meilleur moyen d'exploiter le Manding et le Bouré qui se trouvent en amont de notre point d'arrivée, aussi bien que les pays de Ségou, du Maçina et de Tombouctou qui se trouvent en aval.

Dès que nous aurons notre port sur le Niger et que quelques bateaux à vapeur français sillonneront ce fleuve pour donner de la sécurité aux relations commerciales, nous exploiterons les productions de ses rives en le remontant comme en le descendant aussi loin que le permettront sa navigabilité et l'esprit d'entreprise de nos commerçants.

C'est dans cet ordre d'idées que le Gouverneur du Sénégal a fait construire, en 1879, à 30 lieues au-dessus de Médine, le poste de Bafoulabé et envoyé, en 1880, une mission à Ségou.

Cette mission sous les ordres du capitaine Galliéni portait à Ahmadou des présents considérables. Sur sa route elle fit des arrangements avec les gens du groupe de villages de Kita qu'on savait d'avance bien disposés pour nous. De Kita, M. Galliéni, au lieu d'aller directement sur Bammakou, inclina un peu vers le Nord pour reconnaître le meilleur tracé du chemin de fer en se rapprochant de la plaine.

Mais cela le faisait passer par la province de Bélédougou, pays livré à l'anarchie et au brigan'age et où se sont réfugiés tous les Bambara chassés du Kaarta et du Ségou par les Talibé.

Ces Bambara font une guerre acharnée à Ahmadou à qui ils avaient enlevé, en dernier lieu, l'importante position de Guigné, isolant presque ainsi Ségou du Kaarta. Quand ils surent qu'un convoi considérable de plus de 200 bêtes de somme traversait leur pays, chargé de présents pour leur ennemi mortel, sous l'escorte d'une trentaine d'hommes armés, ils ne purent résister au désir de l'enlever, ce qu'ils firent, au nombre de plus de 1000, à Dio, à une dizaine de lieues N.-O. de Bammakou, le 11 mai 1880.

M. Galliéni, après avoir vu tomber la moitié de ses hommes armés, malgré les pertes terribles que nos fusils perfectionnés infligeaient aux assaillants. prit le sage parti de leur abandonner son convoi et il battit en retraite, tout en combattant, sur Bammakou où il croyait trouver un bon accueil.

En effet, on pensait que les habitants de Bammakou nous étaient acquis; des pourparlers antérieurs avaient eu lieu et la mission avait avec elle le neveu d'un des chefs du village. Bien plus, M. le docteur Bayol, qui faisait partie de la mission, devait y être laissé comme représentant de la France. Mais la partie guerrière de la population de Bammakou s'était laissé entraîner dans la prise d'armes pour l'enlèvement du convoi; aussi, quand M. Galliéni se présenta devant le village, on lui cria de l'intérieur qu'il eut à s'éloigner ou qu'on lui couperait la tête ainsi qu'à ses hommes.

Cet officier remonta alors la rive gauche, et à dix lieues plus haut renvoyant le docteur Bayol à St-Louis, pour faire connaître tous ces évènements au gouverneur, il prit la résolution hardie de continuer sa route. Sachant que les populations de la rive droite obéissaient à Ahmadou, il traversa le Niger au village de Dioliba et au bout de cinq jours il parvint, le 15 mai, à Ségou avec deux officiers, un médecin, et une trentaine d'hommes qui lui restaient.

Ahmadou le voyant arriver les mains vides et probablement offusqué des traités passés avec des populations qu'il regarde comme faisant partie de son empire, accueillit néanmoins la mission, mais en attendant qu'il fut suffisamment renseigné sur nos intentions, il lui assigna une résidence dans le village de Nango, sur les bords du Niger, à quelques lieues de Ségou, en chargeant les populations voisines de lui fournir ce dont elle aurait besoin.

Depuis, le Ministre de la Marine, M. l'amiral Cloué, ayant obtenu un crédit pour l'étude du tracé du chemin de fer de Médine au Niger, M. le gouverneur Brière de l'Isle organisa une expédition composée de six compagnies de tirailleurs sénégalais et d'une compagnie auxiliaire d'ouvriers d'artillerie, le tout sous les ordres du lieutenant-colonel d'artillerie Desbordes, pour aller créer les nouveaux postes au-delà de Bafoulabé et s'établir à Kita où l'on nous attendait avec impatience.

En même temps une brigade de six officiers du service d'état-major, prêtés par le département de la guerre et sous la direction du chef d'escadron Derrien, accompagnait le colonel pour faire la carte du pays et étudier le tracé du chemin de fer.

En décembre 1880, ils étaient tous rendus à Médine et prenaient leurs dispositions pour remplir la mission dont ils étaient chargés.

Au commencement de février 1881, le colonel Desbordes arriva à Kita avec une compagnie d'ouvriers d'artillerie, trois compagnies de tirailleurs sénégalais, une compagnie d'ouvriers indigènes et quatre obusiers de montagne. Il s'y établissait immédiatement.

Les rapports tant avec la population des villages de Kita qu'avec le commandant de Mourgoula, place forte d'Ahmadou, étaient satisfaisants.

De leur côté, les Bambara du Bélédougou témoignaient du regret d'avoir attaqué la mission Gallieni et paraissaient disposés à accorder des satisfactions ; mais à deux heures de marche de Kita, vers le Sud, le village de Goubanko, peuplé d'un ramassis de Pouls du Birgo, de Mandingues et de Bambara, se livrait au brigandage, coupait les routes et empêchait les caravanes du Manding d'arriver à Kita. Voulant réprimer ces désordres dans l'intérêt de notre nouvel établissement, le colonel Desbordes se décida, sans hésitation, à aller enlever ce village fortifié : ce qu'il fit, le 11 février, après une lutte de quelques heures, perdant un officier d'artillerie et cinq tirailleurs, et ayant tué cent hommes à l'ennemi. Ce jeune lieutenant d'artillerie, M. Pol, de Donai, venait d'être nommé capitaine et ignorait sa nomination.

otre position de Kita est de la plus grande importance, au carrefour des routes du Kaarta au Manding et du Sénégal au Niger.

Kita est le nom d'une montagne isolée, de 250 mètres d'élévation au-dessus de la plaine, et qu'entourent seize villages dont le chef-lieu est Makandiambougou et qui sont habités par des Malinké. Ces villages sont entourés par des champs de coton, de tabac, de pastèques, de giraumons, de tomates. On y trouve aussi le beurre végétal et le riz de bambou. Le mil, les arachides, le riz se cultivent dans la partie Nord. On y fabrique du savon noir et il s'y trouve beaucoup de tisserands ; M. Mage, à qui nous devons tous ces détails, y vit quelques bananiers. Les puits ont quatre mètres de profondeur.

Le pays est sain, riche en terre végétale et en bois de construction tel que le cailcédra (acajou d'afrique) ; les caravanes du Kaarta y passent pour porter au Bouré des bestiaux et du sel venant du Sahara et en rapportent de l'or et des esclaves.

Enfin, disait M. Mage en 1868, dans la relation de son voyage :

« Si jamais la France, réalisant le projet du général Faidherbe, s'avançait vers le Niger pour y prendre pied, Kita serait une des étapes naturelles les mieux indiquées. »

Aujourd'hui notre drapeau flotte à Kita.

A la suite et comme conséquence de l'occupation de Kita et de l'enlèvement de Goubanko, Almadou se décidait à nous satisfaire sur tous les points.

M. Galliéni avec tous ses compagnons et un représentant du sultan de Ségou, nous revenait le 10 avril 1881, à Médine. Ahmadou approuvait tous nos actes et, par un traité, nous donnait l'autorisation, à l'exclusion de tous autres, d'ouvrir notre route jusqu'au Niger et de fonder des établissements dans tout son empire. Il acceptait un résidant français à Ségou.

M. Brière de l'Isle qui, par suite de sa promotion ou grade de général venait d'être relevé de son gouvernement, rentrait en France pour y rapporter ces excellentes nouvelles.

La route du Niger nous était définitivement ouverte grâce à l'intelligence et à la vigueur des mesures prises par ce Gouverneur pendant les quatre ans qu'il avait exercé son commandement.

Le 18 avril, le nouveau Gouverneur du Sénégal, M. le capitaine de vaisseau de Lanneau, arrivait à Saint-Louis. C'est à lui qu'incombe la tâche de tirer partie de l'excellente situation dans laquelle se trouve la colonie. Déjà il a obtenu la pacification du Fouta qui permettra de compléter la ligne de télégraphie électrique de St-Louis à Kita.

La contrée parcourue par nos officiers, entre le Haut-Sénégal et le Haut-Niger, se trouve avoir aujourd'hui une population très réduite par une guerre d'extermination de 25 années ; mais la population se rétablit vite dans ce pays, quand cessent la guerre et les brigandages. Or, ce sera là le résultat de notre occupation.

Revenant en quelques mots sur la question du Soudan, nous ferons observer de nouveau que la plus grande partie de cette contrée fertile comme l'Inde et bien peuplée n'a pas, avec le reste du monde, de moyens de communication suffisants pour être excitée à produire et à exporter ses produits dans l'intérêt de l'humanité toute entière, car ces moyens se réduisent à quelques caravanes qui traversent péniblement le Sahara. Aussi chaque famille soudanienne se borne-t-elle à cultiver, dans son petit jardin, du mil pour se nourrir, du coton et de l'indigo pour se vêtir.

Les seuls gens intéressés à maintenir ce fâcheux état de choses sont les commerçants musulmans du nord de l'Afrique qui ont converti la majeure partie du Soudan à leur religion et le maintiennent dans une demi-barbarie. C'est entre leurs mains qu'est tout le commerce qui se fait par caravane. Le Soudan est pour eux ce que sont les colonies pour les nations européennes ; ils vont généralement y passer un certain nombre d'années pour s'y enrichir et tout naturellement ils désirent conserver le monopole de ce marché. C'est pour cela qu'ils excitent, par tous les moyens, contre nous, le fanatisme des Soudaniens et des Sahariens, témoin le massacre de la mission Flatters.

Dans ces conditions, le Soudan ne produit pas la dixième partie de ce qu'il pourrait produire.

Les nations civilisées de l'Europe ont enfin jeté les yeux sur cette contrée et la France, par sa position géographique qui l'a amenée à s'emparer de l'Algérie, par son ancienne colonie du Sénégal, est celle qui fait le plus d'efforts pour arriver à l'exploitation du Soudan.

L'Angleterre par la Gambie, par Sierra Leone, par les bouches du Niger, par le Maroc, par son nouvel établissement du cap Juby, par l'Egypte, par Zanzibar, poursuit le même but. L'Italie envoie également beaucoup de ses enfants en Egypte, à Tunis, en Algérie; elle vient d'occuper un point sur la côte orientale. L'Espagne possède des villes sur le littoral marocain ; le Portugal a sa Guinée.

Il semblerait que les peuples civilisés dussent s'entendre dans cette grande œuvre philantropique. Il n'en est rien : la France ayant l'avance sur les autres dans l'Afrique septentrionale, avance payée des plus grands sacrifices faits depuis deux siècles en Sénégambie, en Egypte, en Algérie, se voit jalousée et contrecarrée.

Ne parlons pas d'ingratitude, ne parlons pas de notre coopération avec l'Angleterre à l'expédition de Crimée, ni du concours que nous avons donné à l'émancipation de l'Italie. Il s'agit là de politique européenne et le sentiment n'y compte pour rien. Mais en Afrique, contre les barbares, il est triste de voir ces nations oublier que c'est pour la cause de la civilisation toute entière que nous agissons. N'est-ce pas à l'occupation du Nord de l'Afrique par la France que l'Europe doit en grande partie la sécurité de la navigation dans la Méditerranée et le développement du commerce de cette région. N'est-il pas triste de voir l'Italie prendre parti, par envie contre nous, pour ce honteux gouvernement de Tunis, et l'Angleterre la suivre dans cette voie. Que les musulmans nous soient hostiles, on le comprend, car il y a là pour leur monopole commercial une question de vie ou de mort, mais de la part de puissances européennes et surtout de l'Angleterre, cela ne se conçoit pas. Jamais nous n'avons agi de cette façon envers elle dans la concurrence que nous lui faisons à la côte occidentale d'Afrique. Pendant ces 25 dernières années, le Gouverneur du Sénégal a envoyé à plusieurs reprises des secours à la colonie anglaise de Gambie, qui n'avait pas de forces suffisantes pour se défendre contre les indigènes.

La France a été bien souvent mal récompensée de sa générosité, cela lui arrive une fois de plus.

Paris, le 12 avril 1881.

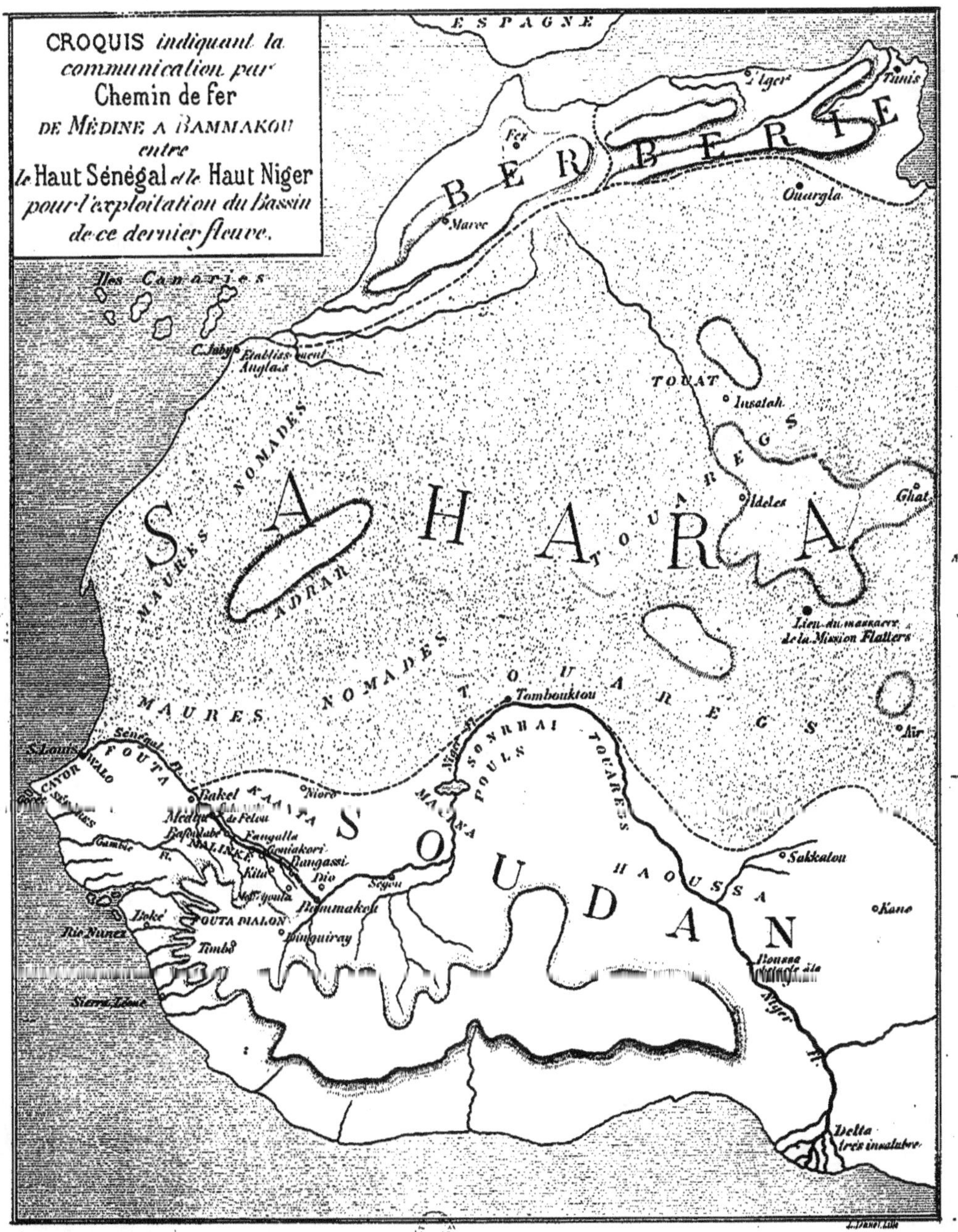

CROQUIS indiquant la communication par Chemin de fer DE MÉDINE A BAMMAKOU entre le Haut Sénégal et le Haut Niger pour l'exploitation du Bassin de ce dernier fleuve.
ESPAGNE
BERBERIE
Maroc
Fez
Alger
Tunis
Ouargla
Iles Canaries
C. Juby
Etablissement Anglais
TOUAT
Insalah
SAHARA
MAURES NOMADES
ADRAR
TOUAREGS
Ideles
Ghat
Lieu du massacre de la Mission Flatters
Air
NOMADES
MAURES
TOUAREGS
Tombouctou
SONRHAI
S.Louis
Sénégal Fl.
FOUTA DIALO
CAYOR
Bakel
Nioro
POULS
MAUNA
Médine
de Félou
Bafoulabé
Fangalla
MALINKE
Goniakori
Bangassi
Kita
Dio
Ségou
HAOUSSA
Sakkatou
Mourgoula
Bammakou
FOUTA DIALON
Dinguiray
Kano
Rio Nunez
Boké
Timbo
Gambie R.
SOUDAN
Boussa
Niger
Sierra-Léone
Delta très insalubre
L. Danel, Lille

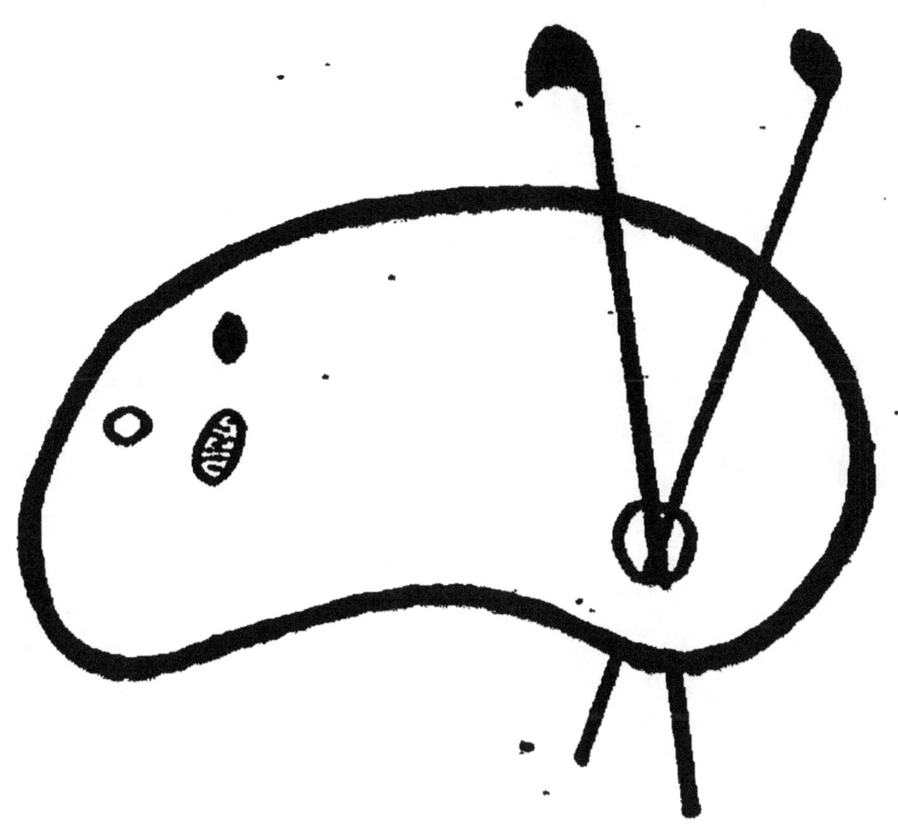
ORIGINAL EN COULEUR
NF Z 43-120-8